LES
TRIOMPHES
DE LOVYS XIII.
ROY DE FRANCE
ET DE NAVARRE.

Où tout ce qui s'est passé depuis le voyage de Bearn iusques à present est representé en forme de Panegyrique.

Presentez à sa Majesté par G. DE LA PALME *Bachelier en Theologie.*

M. DC. XXIII.

LES
TRIOMPHES
DE LOVYS XIII.
ROY DE FRANCE ET DE
NAVARRE.

IRE,

L'honneur que i'ay receu de voftre Majefté à fon retour de Bearn, lors que ie luy prefentay le Triomphe que vos vertus auoient merité en cefte Prouince, la fauorable reception que vous en fiftes, m'a donné la hardieffe auiourd'huy de vous prefenter non vn Triomphe, mais plufieurs enfemble que vos Royalles vertus accompagnées vifiblement de l'affiftance de Dieu, ont cueilly, non en vne Prouince, mais en toute l'eftenduë de voftre Royaume. Mon deffein, SIRE, eft plus grand que le premier qui me fit contenter de faire veoir aux yeux de toute la France le bonheur de vos fubjects foubs l'heureux regne de voftre

Majesté : cestui-cy surpassant le premier de beau-
coup, & d'autant plus que le nombre de vos victoires est plus grand, ie ne veux point publier vostre gloire seulement dans la France, mais ie luy
veux faire rompre & passer les bornes de vostre
Royaume, & faire veoir aux estrangers auec le
bon-heur des François leur esperance de porter
soubs vn si heureux Roy que vous leur nom plus
loing que n'ont iamais fait leurs peres, & rendre
leur langue aussi vniuerselle par leurs conquestes
que les Romains ont fait la leur, & ainsi donner la
peur & l'effroy des armes Françoises, non dans les
Prouinces voisines qui en sont des-ja atteintes, mais
aux plus esloignées, lisant tant de Triomphes, ou
tout le monde admirera égalemeut vostre valeur
& vostre bon-heur: Mais, S I R E, en d'escriuant ces
merueilles, ne dois-je point craindre de faire paroi-
stre tout ensemble mon insuffisance & ma temerité,
celle-là, pour ne pouuoir atteindre à mon but autant que le suiect le merite, & ie le voudrois bien:
ceste-cy pour auoir entrepris de loüer ce que nulle
eloquence ne sçauroit assés dignement exprimer,
ny la plus excellente plume d'escrire: Partant que
puis-je esperer ? sinon d'estre rejetté comme vn
aiglon illegitime de sa mere pour auoir eu des forces trop foibles à contempler les vifs rayons du
Soleil, ou de tomber comme vn Icare pour m'y estre
engagé trop auant. Ie confesse, S I R E, que me
mettant entre ces deux extremitez, ie perdois tout
courage de donner l'essor à ma plume si dans le
milieu,

milieu , ou vn chacun trouue de l'affeurance , ie
n'euffe en mefme temps efperé du fecours à mon
impuiffance , & que voftre bonté fuppleeroit à
ma foibleffe , & voftre valeur donneroit de plus
fortes aifles à ma temerité. Que doif-je craindre
maintenant affeuré fur de fi fortes colomnes ?
Mais que ne doif-je efperer ? Puifque vos lauriers
& vos palmes eftant le feul obiect de mes douces
peines , ne me promettent que faueur , & vne
gloire immortelle , publiant les hauts faicts d'vn
Roy , le nom duquel comme il eft immortel , fes
vertus ne peuuent qu'eftre dans la bouche de la po-
fterité , qui les retirera du tombeau & de l'oubly
auffi iuftement qu'elles ont mis au tombeau les vertus des plus grands Rois qui ayent iamais regné au
monde. Ie fuis obligé, SIRE, pour rendre mon
deffein plus parfaict de commencer par la gloire
que voftre bon-heur vous a acquis premierement
dans le Bearn & continuer auec vos lauriers defquels voftre valeur vous a Couronné ces deux
fuiuantes années, pour finir auec la Paix , que
voftre clemence a donné aux rebelles de voftre
Royaume.

Cefte Prouince le Bearn comme la plus obligée Reductiõ
à voftre Majefté publie par tout deux bien-faicts du Bearn.
qu'elle a receu de vous, defquels elle ne perdra iamais la memoire tant que le Bearn fubfiftera dans le
monde. Elle celebrera à iamais voftre nom & con-
feffera deformais par toutes fortes de deuoirs
qu'elle vous eft fi redeuable qu'aucun' occafiõ ne la

fera departir de l'Obeïſſance qu'elle vous doit. Elle
aura touſiours ſouuenance de deux ſortes de vies
qu'elle a receu de voſtre bôté, de celle du Ciel qu'elle
auoit perdüe depuis tant d'ânées, perte qui la faiſoit
errer & la rendoit meſpriſable ſur toutes les Prouinces de voſtre Royaume, puiſque en ſeſloignant
de la foy qu'elle deuoit à D I E V, elle ſeſtoit eſloi-
gnée de la fidelité qu'elle deuoit à ſon R O Y, &
au meilleur R O Y que la France aye veu monter &
ſaſſeoir ſur le throſne de Sainct L O V Y S : S I R E,
la deliurant de l'hereſie vous luy auez oſté le le-
uain de rebellion, & l'auez aſſeurée en l'obeïſſance
à laquelle voſtre bonté & voſtre valeur l'ont obligée, c'eſt la ſeconde vie que vous luy auez redonnée.
Ne vous eſt elle pas redeuable ? & n'at'elle pas iuſte
ſujeçt de publier les loz & la gloire que vos vertus
vous ont acquis cette année là en ces deux bien-faits
ſi grands que comme la Iuſtice contient toutes les
vertus en ſoy, auſſi ces deux obligations en con-
tiennent vn ſi grand nombre de plus importantes
que la cognoiſſance qu'en a vn chacun ne me per-
met pas de les d'eſcrire.

Deux
grandes
obliga-
tions du
Bearn au
Roy.

Ariſt. ſ.
Ethic.c.1.
D. Tho.
2.2. q. ſ8.
artis ſ. &
6. in cap.

Grand Roy ce fut vne action autant hardie que
Henry le grand n'auoit ozé la commencer, vous
l'auez heureuſement entrepriſe, & l'iſſuë vous en a
eſté plus fauorable que le monde ne l'auoit creu,
auſſi le Ciel vous reſeruoit ceſte gloire & le tiltre
de plus grand. Il ſeſtoit acquis le nom de grand
pour auoir remis la Monarchie Françoiſe, qui alloit
eſtre la proye des eſtrangers, & le theatre ſur lequel

d'autres maiſtres que les ſiens alloient exercer leur
tyrannie. Mais à vous, SIRE, le Ciel vous reſeruoit la Couronne du Triomphe & le tiltre de plus
grand en reſtabliſſant par tout voſtre eſtat la vraye
Religion du Ciel fille vnique de DIEV, & par ce
moyen l'affermir pour iamais, luy oſtant le ſubiect
de rebellion compagne inſeparable de l'hereſie. Ce
fut vn coup de DIEV, pour lequel voſtre Majeſté
eſt d'autant plus obligée à remercier la diuine bonté qu'vne telle action vous a donné de gloire : Elle
vous a fait eſtimer heureux pour voſtre grandeur,
& plus heureux pour la grandeur de voſtre zele enuers l'Egliſe de DIEV. Ce coup du Ciel a eu tant
d'eſclat & vous y fiſtes paroiſtre tant de perfections
que la reputation de voſtre bon-heur vola vniuer-
ſellement par toute l'Europe, vos ennemis ont trem-
blé ſur le bruit d'vne action ſi heureuſe, la France
ne celebra pas ſeule voſtre gloire, toutes les na-
tions Chreſtiennes participerent à ceſte victoire,
l'Italie en loüa DIEV, & Rome fit derechef chan-
ter dans ſes Egliſes & parmy ſes ruës ces cantiques de
loüange qu'elle auoit fait ouïr autresfois à nos Rois
vos predeceſſeurs.

Pour moy i'eſtime mes forces trop foibles pour
deſcrire le poids & la valeur de ceſte action & le
renom que vous auez acquis en elle. Il ſuffira que
tout le monde aduoüe que ſur tous les Princes &
Monarques de la Chreſtienté vous poſſedez ſeul à
iuſte tiltre celuy de tres-Chreſtien que les merites
de vos predeceſſeurs ont acquis à voſtre Couronne,

& que vos iuſtes armes le vous conſeruent. Mais, SIRE, à quoy tant d'admirations? La France n'en eſperoit pas moins, & moy tout autant de fois que i'ay eu l'honneur de veoir voſtre Majeſté en ſes deuotions, bien que ce n'aye eſté ſi ſouuent que le deſir & l'inclination que i'ay à reuerer voſtre preſence me l'a fait ſouhaitter, ie vous ay veu en vos exercices pieux auec vn viſage dans lequel Dieu a pris plaiſir de mouler ſa viue image auec les traicts de douceur & de grauité du plus grand Monarque qui aye iamais porté ſceptre, les vertus duquel ſemblent auoir appellé toutes les graces à vous venir faire la cour, & ſ'eſtimer tres-heureuſes de paroiſtre en vn ſuject ſi releué que vous, de qui les ieunes années reſſemblent en prudence aux plus vieilles de Neſtor, & ſa valeur à celle d'vn Achille : & arreſtant ſouuent ma penſée en voſtre preſence ſur les aſſiſtances viſibles que ces graces vous ont apporté du Ciel depuis ceſte Saincte & genereuſe action, i'ay tiré des conſequences tres-veritables de voſtre bon-heur, que la ſuitte de vos hauts-faicts pleins de merueille executez par voſtre Majeſté ces trois années paſſées, m'ont fait depuis les reuerer comme Prophetes de voſtre proſperité. Tant de graces verſées ſur vous du Ciel en ceſte premiere année me firent eſperer que DIEV vouloit faire veoir à tout le monde qu'il exauçoit les deuotes prieres & les veux religieux que depuis vn ſiecle voſtre peuple a eſlancé vers le Ciel, qu'il approuuoit vos loüables deſſeins, fauoriſoit vos entrepriſes & beniſſoit

de ſes

de ſes plus fortes graces vos iuſtes armes, pour vous faire eſtimer ſur la terre vn grand R O Y, ſainct & digne d'eſtre donné pour admirer non pour imiter à ceux qui voudront dignement regner apres vous.

Ie ne ſuis point flatteur, grand R O Y, c'eſt vn vice que i'ay abhoré toute ma vie, & que les Roys pour les mal'heurs que telle peſte traine apres ſoy doibuent bannir de leurs Cours : La qualité de Preſtre de laquelle D I E V m'a honnoré m'exempte de ce blaſme, & l'eſclat de vos rares vertus eſt ſi brillant, la gloire de vos geſtes ſi celebre , & le nombre de vos victoires ſi grand, que ie crains de conter pluſtoſt auec Alexandre vos victoires que vos années, le Ciel m'en eſt teſmoing, & vos ſubjects ne peuuent qu'ils n'aduoüent auec admiratió la gloire de voſtre nom, & enſemble remercier D I E V de l'aſſiſtance ſur-naturelle qu'il vous a donnée, ſ'ils conſiderent l'eſtat de voſtre Royaume depuis voſtre Couronnement iuſques en la reduction du Bearn, & ſ'ils jettent leurs yeux ſur la ſuitte de ce diſcours, où ils liront des miracles & des merueilles que la grandeur de voſtre courage a exploitté par l'ayde & la grace que D I E V a fait reluire ſur toutes vos entrepriſes. Auſſi ſe plaiſt-il en vos genereuſes actions: vous combatiez pour ſa gloire, il ne faloit point craindre qu'il vous refuſaſt ſon aſſiſtance, vous auiez armé pour ſa querelle , & luy ſ'eſtoit obligé à vous ceindre l'eſpée de victoire pour vous faire Couronner par tout ou l'Ange de la guerre vous conduiſoit.

G

SIRE, tous ceux qui ont combatu pour la gloire de Dieu font des tefmoins irreprochables de fon affiftance, & fi la fortune a ry quelquesfois à nos voifins, c'eft lors qu'ils ont meflé dans leurs maximes d'eftat la caufe de Dieu. Ce n'a pas efté feullement depuis que la foy a efté prefchée aux hommes : Mais mefme au temps que l'Idolatrie ou Satan prefidoit abfolument fur le throfne de verité. DIEV eft trop ialoux & trop puiffant pour n'affifter ceux qui ont engagé fon nom & fon honneur en leurs querelles. Et pour ne mandier des exemples chez les eftrangers, nos hiftoires nous en fourniffent affés. Charlemagne n'at'il pas partagé l'Empire, acquis le Royaume, & porté la gloire de la Monarchie Françoife au plus hault degré d'honneur & de grandeur que Monarque deuant luy aye fait auec la querelle de Dieu, qui l'a toufiours rendu triomphant des ennemis de la France, de ceux du Sainct Siege , & de la Religion Chreftienne : Sa vie n'a efté qu'vne continuelle victoire , la fin de l'vne eftoit le commencement de l'autre : Sa Cour f'eft veuë aggrandie par plufieurs Roys qui venoient recognoiftre fa valeur pour rechercher leur feureté dans fes armes victorieufes : les biens les plus grands & les plus riches qu'auiourd'huy le Pape & l'Eglife poffedent, ils le doibuent à la pieté de ce grand Roy, & en demeureront obligez éternellement à fes fucceffeurs. N'allons pas fi loing, ce grand Henry le plus illuftre des Rois qu'il l'ayent precedé n'eut iamais acquis le furnom de grand, f'il n'eut

Charlem.

Henry
le Grand.

ioinct à ces iuſtes deſſeins la querelle de Dieu, lors
qu'il a commencé ou ſeullement penſé à combattre
pour ſa gloire, on a'veu les plus groſſes armees vain-
cuës auec vne poignée de gens, on l'a veu Couronner d'vne infinité de lauriers qui ſeront touſiours
verds tant que le Soleil roulera dans le Ciel: Sa vie a
employé Minerue & Bellonne à luy tiſſer des Couronnes pour le faire aimer & craindre, non ſeullement de ſes ſubiects, mais auſſi des eſtrangers, qui
l'ont iugé ſeul digne arbitre de leurs differents: L'E-
gliſe l'en a remercié, & comme ſi Dieu euſt voulu
que le Pape fut redeuable de toutes ſortes d'obligations à la Couronne de France, il l'a choiſi comme ſon inſtrument pour luy donner la paix, & à ſes
ennemis qui par vne liberté mal'heureuſe & meſpriſable ſe voyoient ſur le poinct de leur totalle
ruine : Bref en guerre en paix ſes actions ont eſté
guidées du Ciel, & ſes Edicts ſi forts reuerez des
eſtrangers qu'ils ont craint de l'offencer, ſi ſeullement en apparence ils euſſent fait mine de les refu-
ſer. C'eſt DIEV, SIRE, qui vouloit faire co-
gnoiſtre à tous les hommes qu'entre tous les Rois
de la terre comme celuy de France eſt le plus grand,
auſſi eſt-il ſon plus cher fauory. Mais i'ay tort, SIRE,
de tenir ſi long temps V. M. ſur les exemples de ſes
predeceſſeurs, voſtre vie & vos victoires ſeruent d'e-
xemple aux plus grands Rois d'armer pour la querelle de Dieu, & de combattre pour ſa gloire, puis
que l'intereſt des Rois eſt ſi fort vny & lié auec celuy de Dieu, que touchant à l'vn, l'autre ne peut

qu’il ne sente de l’alteration en soy, vous auez senty son secours dans le Bearn, où Dieu plustost que vostre armée a reduit cette Prouince à subir vos loix, vous auiez entrepris cette action pour sa gloire, il ne pouuoit de moins que d’assister de ses plus puissantes graces celuy qui combatoit pour sa cause.

Grand Roy, c’estoit peu d’auoir reduit le Bearn, fort peu pour l’esperance que tout le mõde a conceu de vostre bõ-heur, la fin de cette heureuse entreprise deuoit estre le commencement d’vne autre plus glorieuse. C’estoit cette petite pierre de Nabuchodonosor qui creut à vn instant en vne grosse mõtagne: C’estoit cette petite nuée d’Helie qui deuint si grande qu’elle couurit tout le Ciel, de mesme le bonheur qui parust en ceste action n’estoit que l’aduancourier d’vn plus grand qui deuoit se faire veoir en ces deux années suiuantes; la gloire que vous y acquistes vous augmenta le courage accreut voz forces, & vous fit esperer continuant à combatre pour la gloire de Dieu, qu’il continueroit son ayde & sa grace. Cette heureuse issuë vous fit penser à accroistre vos lauriers, & à vous presenter deuant vos Villes que le grand Henry par sa trop grande bonté auoit mis en depost entre les mains de personnes qu’il croyoit luy estre plus fidelles, & desquelles il esperoit vne plus prompte obeïssance. O qu’il n’estimoit pas qu’vn tel peché fut iamais entré dans l’ame de ceux qui luy auoit protesté si souuent tant d’obeïssance. Mais s’en faut-il estonner ? Est-ce de ce temps que nous congnoissons fons qu'autant que nos Rois ont de franchife & de candeur (vertu de laquelle ils ont fait plus d'eftat que de toutes les autres enfemble) enuers ceux auec lefquels ils ont traicté, d'autant plus ils ont veu de rebellion, & ont cogneu à leur defpens que la diffimulation eftoit oppofée à leur bonté. Mais faut-il f'efmerueiller que les rebelles de voftre Royaume vous ayent donné tant de peine, chacun fçait qu'eux meflans les maximes d'eftat auec celles de leur religion, comme ils ne recognoiffent point de chef en celle-cy, ils en veulent moins recognoiftre en l'autre : Leurs vanteries & vanités aux Royaumes eftrangers qu'ils poffedoient la moitié de voftre eftat & tout le Bearn, & qu'ils pouuoient faire la loy & la part au Roy de France, toutes ces paroles de vanité & de gloire ne nous font elle pas iuger que leurs efprits animés d'vne folle fuperbe, ayment mieux l'Oligarchie où la licence eft affife au throfne de Iuftice, & qu'au lieu de la Monarchie formée de Dieu donnée du Ciel, & confonante à ce grand monde, ils voudroient baftir la republique de toute irreligion & liberté : la France l'a veu, voftre Majefté l'a cogneu, & voftre bonté l'a fouffert, iufques à ce que leur debordée malice a rompu voftre patience, & ouuert les portes à voftre colere. Vous vous efte prefenté deuant leurs Villes, mais à plus iufte tiltre voftres, defquelles leur infidelité vous en a voulu chaffer, & leur rebellion rauir. Qu'ils ne fe vantent plus donc d'eftre le feul rempart de la France, & que leurs Villes font autant de

D

Citadelles pour la conſeruation de voſtre Royaume, puis qu'ils ont eu la hardieſſe de les oppoſer à
vos armes qui ne ſçauent que vaincre, ils les ont
conſeruées pour vous donner la peine de les acque-
rir deux fois. O qu'elle impudence venuë à vn tel
point que ſi deplus preſſantes conſiderations, mais
que dis-je ſi voſtre ſeule clemence n'en euſt eu pitié
elle auroit abbaiſſé leur orgueil, & alors plus hum-
bles qu'ils ne furent iamais, ils auroient confeſſé n'a-
uoir iamais fait plus lourde faute que d'offenſer
leur Maiſtre qui les euſt infailliblement exterminés
& donnés ſes Villes à des plus fidelles qu'eux ſi ſa
bonté l'euſt permis à ſa juſte colere. Ces Villes rebelles deſquelles l'orgueillauſe aſſiette euſt donné
de la peine aux Alexandres & aux Ceſars, les ſoureil-
leuſes tours deſquelles auec la malice obſtinée de
leurs rebelles menaçoiét vn ſiege de Troye, & leurs
fortes murailles ſembloient meſpriſer le tonnerre de
vos canons, elles n'ont ſi toſt veu voſtre Majeſté,
qu'eſtonnées eſgalement de voſtre valeur & de voſtre diligence elles ſe ſont humiliées, ont abbaiſſé
leur teſte, & n'ont pas attendu que vous ayés de-
ployé vos pauillons rouges qui ne menaſſent que le
feu & le ſang, auſſi leurs pechés pour lors n'eſtoient
point au comble de leur malice : Ce n'eſtoient que
les premiers mouuemens de leurs paſſions pardon-
nables aux plus coupables : Que ſi par mal'heur fatal
quelques infortunée place a ozé reſiſter à voſtre
puiſſance, elle a auſſi toſt ſenty que ſi les Roys ont
vn bras d'or, ils portent auſſi celuy de fer. La Xain-

tonge en porte des marques honorables, & voſtre
Majeſté a honoré vne de ſes places de ſon nom pour
luy oſter l'infamie de rebellion, de laquelle elle
ſ'eſtoit tachée affin que deſormais elle ne penſe à ſe
bander contre ſon Roy, tant qu'elle aura ſouuenance de ſon nom & de la tragedie que ſa temerité a fait
ioüer parmy ſes ruës & ſes places : Clerac & tant de
Villes qui ſe ſont oppoſees en nombre de plus de
ſoixantes à vos iuſtes armes le publient par tout:
Voſtre valeur vous les a acquiſes doublement, &
voſtre bonté leur a fait ſentir pluſtoſt les doux traits
de voſtre clemence que le fer & l'aigreur de la ven-
geãce; Vous leur fiſtes veoir que vous aymiés mieux
le tiltre de paſteur que celuy de Seuere.

S I R E, cette ſeconde année vous fut grandement
heureuſe pendant que Dieu vous aſſiſta de ſon Conſeil, tout ploya ſoubs vos armes victorieuſes : Le
Poictou, la Xaintonge, & la Guyenne eſleuerent
des trophées à vos victoires; meſme Montauban ſe
fut eſtimé heureux d'auoir la grace de ſa notable rebellion, & implorer voſtre miſericorde au lieu de
voſtre iuſtice que ſon obſtination auoit meritee.
Mais des que le peché de vos ſubiects pluſtoſt que
le voſtre (car nous croyons mieux de vous & plus
que les Romains ne faiſoient de leur Empereur) ont
fait eſlongner Dieu de voſtre conſeil, & ont mis à ſa
ſa place l'intereſt particulier, vos affaires ont eſté
cóme en eſchec, perſonne ne ſ'en eſtonna point, puiſque Dieu commença des lors de ſe faſcher du peché qui regnoit dans voſtre armee, il ſe retira pour

vous continuer son assistance lors que ce mal’heureux interest sera banny de vostre conseil, alors il
descendra des nuées & vous menera dans le champ
de victoires pour ne vous faire moissonner que
victoires.

SIRE, i’ay leu autrefois que les Hebrieux
accoustumés de vaincre, ayant esté vne seule
fois battus auec perte de trente-six des leurs qui
demeurerent sur la place, vne espouuante generalle prit toute l’armée Israëlite qui creut que
Dieu ne combatoit plus pour Israel, on en re-
cherche la cause, Dieu se plaint à eux qu’on luy
auoit volé les biens qui luy auoit esté consacrés par
Iosue, tous alors sans delay demandent qui auoit
causé vn tel mal’heur, le sort est ietté, le voleur
descouuert, ce miserable fut excommunié & puni
de mort sur le champ, le lendemain l’Armee con-
tinua ses victoires, tout faisoit ioug au bon-heur
des Israelites. Vous ozeray-je dire, SIRE, que la
cause de ce que Dieu auoit pour lors retiré son assistance de vostre armee est que l’interest de plus
grands luy desroboit l’honneur & ce que vostre
Majesté luy auoit consacré. Puis qu’il auoit interest
en vos armes, n’auoit-il pas suject de vous faire en-
tendre ses plaintes? SIRE, vous les auez oüyes, vostre prudéce y a remedié, & vostre sagesse a chassé ce
mal’heur qui a fait balancer &mis comme en cópro-
mis vostre bon-heur. Ce n’est pas tant cest intereest,
Grand Roy qui arresta ceste année vos conquestes,

que

Iof. c. 7.

Achan.

que parce que Dieu prenoit plaisir en vous qui estes
ses plus cheres delices, sans vous abandonner, (car il
ne quitte iamais ceux ou la Iustice & la bonté tiennent le haut bout & mestrisent comme Roynes) il
permit se reuers de faueur, & retira son assistance de
vous pour vous faire congnoistre que c'est ainsi
qu'il se ioüe auec ceux qu'il trouue selon son cœur.
Vous auez leu, SIRE, Dauid hay de Saül, chassé
par son propre fils, vn Sainct Louys duquel vous
portez le Nom & le Sceptre, pris prisonnier & af-
fligé de maladie : Ce sont les fleurs desquelles DIEV
couronné quelquefois ceux qu'il cherit dauantage,
& les espines par lesquelles il les veut esprouuer,
afin de leur faire cueillir auec plus de douceur les
fruicts & les roses que telles espines & telles fleurs
leur promettent. Mais ie viens au poinct, SIRE,
vous ne sçauiez que vaincre, & ne sçauiez que va-
loit vostre Royaume, vous auez recogneu la force
de vos villes & le courage de vos subiects, que vostre Bonté eust voulu presenter aux places estrange-
res, & reseruer leur valeur contre les ennemis de la
France. Mais c'est nostre malheur que vostre bon-
heur bannira de nos foyers, ceste irreligion qui a fait
croupir tant de nos Roys dans l'oysiueté, & les a
fait mourir dans les dissensions ciuiles que ceste pe-
ste d'heresie a causé, apres auoir estouffé les plus
fleurissans lys que les armes de nos peres auoient
heureusement planté chez les estrangers, que la valeur de nos Roys eust conserué sans cest hydre, &
lesquels vostre bon-heur eust accreu. Cest'elle qui

Lib.1.& 2.
Reg.

E

empefche & detient le bon-heur de noftre valeu-
reux Monarque, de vous SIRE, qu'il n'aille fe faire
admirer par toute l'Europe. O que tels Hoftes ne
font pas bons, & defquels vous vous deuez garder,
voyant tant de malheurs que l'herefie nous a apporté, malheurs que nous pleurons & que la France
plufieurs fiecles apres nous foufpirera fi voftre va-
leureufe dextre ny met le fer & le feu de peur qu'-
elle ne reuiue. Vous auez trop heureufement commencé, & nous ne pouuons tirer de toutes ces pro-
fperitez que de fortes preuues de voftre vértu:
C'eft ce que la France efpere de voftre valeur, l'E-
glife l'attend de voftre Pieté, & toute la Chreftien-
té de voftre bon-heur.

   SIRE, ce n'eft rien qu'vne ville aye refifté à voftre puiffance, c'eft voftre bonté, qui par l'aduis de
fon Confeil ne la vouluft pour lors foudroyer, vous
ne vouliez que luy faire peur, vous n'auiez point
armé voftre colere contre elle, vous n'auiez pas
Tamburl. tendu vos tentes & pauillons noirs, meffagers de
vengeance & de mort : Si les affaires plus importantes aufquelles voftre prefence a remedié fort
fauorablement, n'euffent appellé voftre Majefté
ailleurs, vous luy euffiez fait fentir qu'il eft auffi aifé
à vos Canons d'abattre & reduire en poudre leurs
Iof.c. 6. fortifications, qu'aux trompettes de Iofué de ren-
uerfer les murailles de Hyerico. Montauban euft
abaiffé fon orgueil, fi vos affaires vous euffent permis d'y demeurer plus long temps, elle euft appris à
fes defpens, que comme les Roys ont des pieds de

ſaine & de douceur, auſſi ont ils les bras d'acier & de
Iuſtice contre ceux qui ſ'oppoſent à leurs volõtez.
Si ſa rebellion eſt plus longue, d'autant plus voſtre
colere ſera iuſte, qui la reduira à vn tel point qu'elle
ne ſe pourra iamais vanter d'auoir reſiſté à vn Roy
courroucé, duquel il euſt mieux valu eſprouuer la
clemence que ſon ire. Vous ferez d'elle comme *Gen. c. 19.*
vne des villes ſubiectes au feu du Ciel & à la vengeance de Dieu, vous le ferez quand il vous plaira.
Grand Roy, puis que vous pouuez en tout temps
plus puiſſamment & plus veritablement que ne faiſoit ce grand Romain frappant la terre, faire ſortir *Pompeius*
des milliers de ſoldats capables de conquerir toute *Magnus.*
la terre, & deſquels la valeur & le courage peuuent
porter iuſqu'à l'vn & l'autre Hemyſphere auec voſtre nom, la terreur à vos ennemis & la gloire tout
enſemble d'auoir ployé ſoubs les armes Françoiſes.
   C'eſt trop, SIRE, ſ'arreſter en cette ſeconde annéé,
c'eſt trop auoir admiré vos victoires, il falloit ne-
ceſſairement reuenir dans voſtre ville de Paris, elle
vous attendoit auec vne impatience ſi grande, que
ſon attente & voſtre abſence luy faiſoit porter vn
deüil general, ce n'eſtoit que triſteſſe parmy ſes ruës,
& ce fut la cauſe qui haſta voſtre retour, ce grand
peuple ne peut demeurer l'annee entiere ſans voir
l'Auguſte preſence de voſtre Majeſté, qui ſe fiſt voir
dans ceſte grande ville tel que vous eſtes glorieux &
triomphant, elle vous ouurit ſes portes, & enſemble
ſes cœurs pour vous faire triompher, non pas tant
dans ſes ruës que de ſes affections, elle bannit pen-

dant voſtre ſejour le deüil & la triſteſſe que voſtre
longue abſence luy auoit cauſées, deteſtát touſiours
ces remores qui arreſtét ailleurs ſon ſouuerain bien.

Mais l'aigle genereuſe peut elle dementir ſa nature? Non elle ne peut cacher ſon courage nonplus
que ſon excellence ſur tous les autres oyſeaux. Voſtre valeur croupira-t'elle long-temps dans Paris?
Non S I R E, le peu de ſe-jour que vous y auez fait,
ne vous a pas donné le loiſir d'y penſer, & le courage que vous auez tiré du grand Henry ne vous a pas
permis de ſe-journer plus long-temps dans voſtre
Ville, boüillonnant d'vn deſir d'aller voir le champ
de Mars, & marry auec Alexandre de ce que toutes
les ſaiſons de l'ánée ne ſont propres pour endoſſer le
harnoys, vous eſtes ſorty de Paris, & dans moins de
rien voſtre diligence a recóquis, ce que l'annee paſ-
ſée voſtre vertu vous auoit acquis, & que la non-
chalance, pluſtoſt que ie ne diſe autre choſe, des gar-
niſons, vous auoit oſté. Mais ce fuſt pour accroiſtre
vos lauriers, & faire voir à vos ennemis qu'il vous
eſt autant ou plus aiſé à reprendre qu'à prendre.

Cette année troiſieſme de vos iuſtes armes, mais
nonpas de leur rebellion qui dure depuis que la bóté de nos Rois a ſouffert leur inſolence en France.
Cette année diſ-je a fait croire à tous que Dieu auoit
repris ſa place dans voſtre conſeil pour guider vos
armées & vous mener au triomphe. Il vous a re-
donné vos Villes, & non content de cette gloire a
voulu vous faire l'inſtrument de ſes miracles, il vous
a fait paſſer victorieux ſur le ventre de vos ennemis,

Le Roy
victori-
eux en
l'Iſle de
Rié.

à qui

à qui le nombre & toutes sortes d'auantages leur Chants des jeux Olymp.
faisoient châter des Yo & de Pean auant la victoire,
mais ils auoient conté sans leur hoste, & ses airs de
triomphe qu'ils entonnoient furent les presages de
la victoire que vous emportastes sur eux ; Ce grand
nombre d'hommes & toutes ces forces ont esté dis-
sipees par vostre presence, pourquoy non? Puis que
vous portez dans vos yeux aussi bien la terreur que
la clemence, & le feu que la clarté pour faire fondre
ses pelotons de neige, & ces montagnes de rebellion.
Vostre presence asseura vos Soldats, & vostre cou-
rage anima vostre armée harassée. Cette genereuse *Vrget præsentia Turni.*
noblesse vous fist cognoistre qu'elle ne cedoit nul-
lement à ses ayeuls, les genereux exploicts desquels
viuent encore dans la bouche de tout le monde. Ce
fut là où toute vostre Cour parut d'vn visage riant
deuant son Roy, pour luy tesmoigner par ce contentement exterieur, qu'elle ne pouuoit choisir vn
lieu plus honnorable, non seulement à monstrer sa
valeur, mais à finir ces iours deuant vn grand Monarque qui luy seruoit d'exemple en courage & en
toute sorte de vertus.

SIRE, voyant tous les aduantages de vos ennemis, & neantmoins voir les vns tourner le dos &
fuïr vos armes victorieuses : Les autres se mettre à
genoux & implorer vostre misericorde : N'aduoüe- Le Roy tousiours en la protectió de Dieu.
rez vo⁹ point que c'est Dieu qui a cóbatu pour vous
& a pris vostre sacree personne en sa protection a-
uec tous les Princes de vostre sang? C'est ce coup
guerrier & plus heureux que tout autre qui vous a
acquis doublement vostre Royaume, qui asseura

Anal.
Babil.
Apocal.
c. 17.

vos Villes & vos Prouinces, & qui abbatit l'orgueil
de la Tour de Babel, qui confondit tous les desseins
de Babilone cette Rochelle, laquelle apres s'estre
prostituée aux estrangers, & auoir remply ses ruës
& ses carrefours de confusion & de rebellion, auoit
eu la hardiesse de produire au iour & mettre sus pied
ses enfans de la nuict, ses auortons de l'infidelité &
infamie, & d'irriter iusques au dernier poinct la patience de Dieu & de son Oinct par ses voleries
meurtres & violemens, là où sa cruelle insolence &
l'innocence du peuple luy auoit donné de l'aduan-
tage : Mais elle a veu ses Soldats deffaicts en leur
naissance comme ceux de Cadmus & Iason. Et leur
deffaicte pleine de merueilles vous a fait estimer be-
ny de Dieu, & a fait confesser non seulement à vos
subjects, mais aussi à tous les estrangers que vous
estes guidé de l'Ange tutelaire de la France : Ces
rebelles aussi mal'heureux à conseruer la campagne
qu'à garder vne place pensans à cette desroutte iu-
gent en fin, mais trop tard que c'est combattre contre Dieu que de s'attaquer à celuy qu'il nous a donné par toute sorte de droict pour nous commander,
lequel ne querelle autruy pour luy rauir ce qui n'est
pas à luy, mais qui seulement demande le sien. O
que de bonté en ce Prince, qui me fait regretter vn
si mauuais traittement pour vn si doux gouuerne-
ment. O que c'est vne belle leçon, quand nous nous
bandós côtre Dieu, nous sommes esloignés de ce que
nous esperós, & nos attentes se tournent en fumée.
SIRE, l'Isle de Rié terminera-t'elle vos victoires?
où vous auez fait veoir que vous ne sçauez pas

Intelligen-
tia destina-
ta ad gu-
bern. Regn.

moins vaincre que Cefar, que vous n'auez iamais
fuy, & que vous pouuez dóner la loy à tous ceux qui
oferont s'efleuer contre vous. Cette Victoire fe-
ra-t'elle la fin de vos conqueftes? voftre bonté l'euft
fait defirer à voftre Majefté, fi le defefpoir de vos
rebelles ne vous euft appellé en d'autres Prouinces
où le Ciel vous promettoit par tout de plus grádes
Couronnes: le Languedoc deuoit Couronner tous
voz trauaux des annees paffees : mais pluftoft vous
deuiez faire fentir à des Villes rebelles la pefanteur
de voftre fceptre qui les a reduites en tel eftat qu'on
les cerche en elles mefmes, vous auez verfé toute vo
ftre ire & voftre iufte colere fur elles pour n'aporter
que douceur en Languedoc. Cette Prouince ne
peut auoir en fa bouche que des paroles de remer-
ciement à voftre Majefté des faueurs que voftre
prefence luy a faictes : Vous l'auez fecouruë au plus
fort de fes maux que les ames rebelles à Dieu & à
vous ont exercé contre elle, faifant trophée de leur
infolence autant qu'elle de fon innocence. Elle a
attendu, SIRE, cette affiftance de fes Roys, de laquelle elle vo⁹ eft d'autát plus redeuable que voftre
Majefté luy a donné efperance de reprendre fa premiere beauté & monter fur fa premiere gloire. Elle
s'eft eftimée plufieurs fiecles mal-heureufe d'auoir
efté priuée de la douce prefence de fon Prince, elle
accufoit fon mal'heur pluftoft que fes pechez, puis
que vos predeceffeurs l'ont recognuë dans les Hiftoires, fidelle & conftante au deüoir qu'elle doit
à fes Roys. Vous mefme, SIRE, voyant l'obeyffan-
ce generalle de cette Prouince & la ioye de tous fes

Rebellió
de Negre-
pel. & au-
tres villes
punic.

Reductió
du Lan-
guedoc.

peuples en voſtre preſence, auez cogneu qu’entre toutes celles de voſtre Royaume comme elle tient vn des premiers rangs, auſſi s’eſt elle ſignalée enuers voſtre Majeſté plus qu’enuers aucun de vos predeceſſeurs en la fidelité qu’elle faict gloire de voir aux Roys de France, plus heureuſe de la vous rendre à vous qui comme ſon Soleil auez fondu les glaces que l’abſence de tant de Roys par tant de ſiecles auoit cauſé ſur ſes peuples, vous l’auez reſioüie, & par voſtre preſence luy auez fait voir que voſtre courage merite d’auoir de tels ſubiects & de ſemblables Prouinces: auſſi fait elle voir en ſon viſage la ioye & le contentement qu’elle reçoit de voſtre preſence, elle a remercié Dieu de ce que ſa fidelité a eſté recognuë par voſtre Majeſté qui (non moins que le Soleil) fait reuiure ſes ſubiects, & tels ſubiects qu’autre deſir n’a iamais poind dans leurs ames, ny autre ambition dans leurs courages que de porter ſur leur frond pour tout tiltre, celuy de fidelle à leur Roy, de ne combattre pour autre party que pour celuy de leur Prince, & en fin ſ’eſtimer glorieux d’eſpancher leurs ſang & leurs vie pour le ſeruice de leur Monarque. Vous le deués eſperer, & croire, SIRE, qu’elle ne ſe desbauchera iamais du ſeruice que la nature & l’honneur qu’elle a receu de vous l’obligent à vous rendre: Elle eſt trop ſoigneuſe de conſeruer ce glorieux tiltre de ſubiect fidelle: l’exemple qu’elle a de ſon fidelle Gouuerneur l’a conſeruera touſiours dans ce deuoir. Ce Seigneur comm’ il eſt jaloux de côſeruer l’honneur que ſes ayeuls ont merité par la longue ſuitte des ſeruices

qu’ils

Soubz Charles 5. 6. 7. & Henry 3. ſoubz Henry le Grand.

Ioye du Languedoc en la preſence du Roy.

qu'ils ont rendu à voftre Couronne de fiecle en fiecle, depuis les premiers fondemens de cefte Monarchie : Auffi s'eft-il fignalé par fa valeur en toutes les
occafions, & particulieremét en voftre prefence: fon
courage vous l'a fait eftimer digne de porter le nom
de fidelle feruiteur, auec la deuife que les Roys vos
predeceffeurs on donné à fa maifon, tiltre que fes
vertus luy côferueront dãs les feruices qu'il a voüé à
voftre Couronne, & particulierement à voftre per-
fonne. Vous l'auez veu, SIRE, reuenir auec les marques honorables, marques ordinaires de la maifó de
Monmorancy, & voftre Majefté a fouhaitté de fem-
blables Capitaines, pour dire plus veritablemét qu'-
Alexandre, que vous auez autant de Roys en vos
armées que de chefs, auec lefquels vous pourriez
mieux que luy & pluftoft conquerir toute la terre.
Ie deuois cela, SIRE, à ce Seigneur, mais pluftoft à
voftre gloire, puifque le mefme Alexandre s'efti-
moit plus glorieux d'auoir fait de tels Capitaines,
que d'auoir deffaict Darius.

Ie reuiens au Languedoc, SIRE, qui ioyeux de
voir voftre Majefté, s'eftime fi heureux qu'il com-
mencera à conter fon Ephemeride par ceft'année,
de mefme que les Grecs par leur Olympiade, & les
Romains par la naiffance de leur ville. Ce ne feront
que trophées par tout de voftre entrée en cefte
Prouince, ou fi vous auez rencontré des places que
des efprits broüillons auoient efloignées de voftre
obeïffance, vous les auez corrigées comme pere:
vous n'auez pas fait comme ce ieune Prince qui par
fa folle refpôce perdit les dix parts de fon Royaume,
vous les auez chaftiées auec des verges, la rigueur

que vous auez respandu aux autres Prouinces leur
faisoit esperer vn si doux chastiment: Auec cette
douceur vous auez triomphé par tout où la rebellion a voulu faire voir sa face hydeuse , malgré ces
ames lasches & cauterizées que l'infidelité & l'heresie
ont fait tousiours flotter dans la rebellion , & lesquelles obligées autant à la posterité du grand Henry qu'à sa memoire, neantmoins auoient appellé les
estrangers pour arrester vos conquestes & fiestrir
vos lauriers, mais ils ont veu que Dieu combatoit
pour vous, puis qu'il a renuersé leurs desseins , & a
fait esuanoüir en vne nuict ces esprits broüillons,
comme l'armée de Sennacherib deuant Hierusalem,
& des Syriens deuant Samarie au seul bruict de vostre valeur & de vos armes victorieuses.

Vous n'auez pas laissé de continuer vos victoires,
Grand Roy, & enfin vous vous estes couronné de la
couronne de palme par la clemence que vous auez
respandu en ceste Prouince, l'ayát choisie pour estre
le sujet & la cause de la paix: Paix qui a arresté vostre
victoires , & celles que vos Capitaines moisson-
noient soubs vostre bon-heur par mer & par terre,
la où la cruelle Bellonne auoit semé la rebellion:
Paix par laquelle vous auez fait voir à vos subiects
que vous sçauez aussi bien pardonner que vaincre,
& aux estrangers qu'il n'appartient qu'à vn Roy de
France de donner la paix & la guerre quand il luy
plaist.

SIRE, quand ie considere le grands exploicts de
guerre & le grád nombre des villes que vostre dili-
géce & vostre vertu vous ont acquises, i'aduoüe que
vous estes grand & digne d'employer tout le móde

à d'efcrire voz loüäges, mefme i'eftime qu'il n'y a lãgue fi bien penduë & diferte qui puifse vous loüer, que difie non pas racóter vos vertus. Si tout cela eft grand , ie trouue des chofes plus grandes & plus loüables en vous. Ie ne flatte point , Grand Roy, ce grand orateur Romain loüe Cefar pluftoft de fa clemence que de fes victoires. D'autant que les vertus que nous auons communes auec les autres, la gloire ne nous eft pas deuë entiere, mais des vertus que nous poffedons en propre comme elles ne font pas communes, auffi la gloire nous eft referuée entierement. S I R E , les années paffées vous auez vaincu & triomphé, mais parce que vous ne l'auez pas fait feul, la gloire de vos victoires doibt eftre commune à vous & à vos Capitaines: Tous les aduantages qu'a vn'armée victorieufe, & le courage des foldats rauiffent vne partie de la gloire au vainqueur : Mais fe vaincre foy-mefme, pardonner aux rebelles, arrefter fa colere, & au lieu de la mort donner la vie, c'eft vne vertu, la gloire de laquelle comme elle eft plus grande elle vous eft deuë entierement, les Capitaines ny les foldats n'ont point part à cefte gloire, vous auez feul vaincu, vous la deués feul poffeder.

Ie dis d'auantage, auoir dompté vn nombre infiny d'ennemis, auoir eftouffé tant de rebelliós, c'eft chofe fubiecte à la puiffance humaine, par laquelle les plus grandes forces peuuent eftre affoiblies & rompuës : Mais furmonter fon courage & moderer fa victoire, quiconque a ce pouuoir, ie ne l'accompare pas feulement aux plus grands qui foient, & qui ayét iamais efté au monde, mais ie l'eftime femblable à Dieu, S I R E , vous eftant rendu femblable à Dieu,

Cicero orat. pro reditu Marcelli.

y a-t'il langue d'homme qui oże deſormais vous
loüer? Non : S I R E que perſonne ne l'entreprenne
point, puis que vous merités d'employer des eſprits
ſur-humains. Pour moy ie me contente de dire que
la paix que vous auez donnée à voſtre peuple vous
a acquis vne gloire immortelle, & a fait veoir à tout
le monde que Dieu preſidoit dans voſtre conſeil.
Tous vos ſubiects y participent, les rebelles & les fidelles: ceux la pour auoir trouué grace en vos armes, ceux cy pour auoir vn Roy qui merite d'autant plus la continuation de leur fidelité qu'il ſçait
par toutes ſes vertus triompher glorieuſement des
cœurs de ſes ſubiects: vertus qui vous rendront ad-
mirable ſur la terre: voſtre valeur donnera la terreur
à vos ennemis : Et voſtre clemence apprendra à qui
que ſoit de n'abuſer de voſtre bóté, voſtre valeur vo⁹
fera craindre, voſtre clemence vous fera aymer, que
pouuez vous deſirer dauantage? S I R E, ſinon que
les veux du Languedoc & de toutes vos Prouinces
ſoient exaucées du Ciel; Que vous ſoyez touſiors
victorieux, que vos ennemis ne vous attendent iamais, qu'ils ſuccombent touſiours ſouz le bon-heur
de vos armes, que l'Ange de Dieu guide vos armées,
extermine vos ennemis, & vous face faire place par
toute la terre habitable : Et imitant les mouuemens
celeſtes, vous ſoyez en terre, ce qu'eſt la premiere in-
telligence dans les Cieux pour donner le branſle &
le mouuement aux autres Roys de la terre : Enfin
que vous viuiés les ſiecles entiers pour la gloire de
Dieu, pour l'aduancement de ſon Egliſe, & le ſou-
lagement de ſon peuple.

F I N.

Vœux du
Langue-
doc & de
la F.ance
pour le
Roy.